FÜR MEINE MUTTER

Mir fallen so viele Dinge ein, dennoch kein einziger Reim.

Oh, das war doch einer oder etwa doch keiner?

Ich werde jetzt beginnen, mich langsam mal einstimmen.

Lang ist's her, manchmal war's auch schwer.

Doch bei jeder Tat weißt du ein Rat.

Wenn du wüsstest, was ich manchmal denke.

Ich glaube, dass ich dir zu wenig schenke.

Zu wenig Zeit zu zweit.

Ich glaube nicht, dass du mit diesem Gedicht
wieder all dies vergisst.

Doch ich wünsch mir, dass du dir Bewusst wirst,

was du mir alles gibst. Du bist meine Heldin vom Alltag, jeden Tag.

Livia R. Menge

Gedanken der Zeit

Gedichtsammlung

Bibliografische Information der Deutschen Nationalbibliothek:
Die Deutsche Nationalbibliothek verzeichnet diese Publikation in der
Deutschen Nationalbibliografie; detaillierte bibliografische Daten sind im
Internet über http://dnb.dnb.de abrufbar.

© 2021 Livia R. Menge

Herstellung und Verlag: BoD – Books on Demand, Norderstedt

ISBN: 978-3-753-439-532

Inhaltsverzeichnis

DER SINN

Ich bin. Ich weiß, dass ich bin.

Doch wo bleibt denn da der Sinn?

Es geht um den Sinn,

den ich alleine nicht find.

Ein Licht am Horizont erstrahlt.

Erhellt mir den Weg, den keiner geht.

Bin ich allein?

Allein mit meinen lauten Gedanken vereint?

Nein, ich finde dich und du bist so wie ich.

Gemeinsam sind wir nun nicht mehr alleine einsam.

Ich und du sind wir – ich verloren in dir und du in mir.

Du gibst mir den Sinn, denn ich alleine nicht mehr find'.

- Juli 2017

NACHTGEDANKEN

Das Mondlicht erhellt den See,

welchen ich vom Balkon aus seh.

Nachts soll der See so schön funkeln,

hört man alle munkeln.

Frag mich, ich weiß Bescheid,

steh jede Nacht um zwölf schon bereit.

Nachts bin ich immer wach,

in meinem Kopf herrscht ein riesen Krach.

Alles redet kreuz und quer verstehen tut's keiner mehr.

Schlafen kann ich sowieso nicht,

da schreib ich eben ein Gedicht.

- Tegler See - Berlin, Juli 2017

KOMM MIT

Heute ist die Vergangenheit von morgen.

Dann folgen die nächsten Sorgen,

weil du wieder nicht gepackt hast,

was du gedacht hast.

So geht es weiter.

Du kommst nie fort.

Willst du weiter hier stehen,

oder sollen wir gemeinsam gehen?

Ich nimm dich mit auf meine Reise.

Wo sie mich hinbringt, das weiß keiner.

- August 2017

FREIHEIT

Ich sitze da und du bist fort.

Die Nacht ist dunkel und grau,

die Luft nicht mehr ganz so lau.

Meine Gedanken,

sie ranken,

wanken um dich und mich.

Erinnere mich an die Zeit zu zweit.

Alles ist ruhig, nichts zu hören,

nichts kann diese Ruhe zerstören.

Diese Tage sind längst vergangen.

Die Wunden bleiben verborgen.

Es gibt keine Sorgen.

Ich bin frei.

Die Angst ist gegangen,

mit dem Erlöschen des Mondes vergangen.

Ein neuer Tag,

an dem ich mich frag,

was mir einst an dir lag.

- August 2017

UNSER PLATZ

Kennst du noch den Platz, der nur uns gehört?

Dort waren wir immer ungestört,

niemand hat uns das jemals zerstört.

All das ist schon lange her,

die Erinnerung wiegt nicht mehr schwer.

Ein neuer Tag hat angefangen

und auch wenn's mein Letzter ist,

weiß ich dennoch nicht,

wo du jetzt bist.

Doch in letzter Zeit,

da wurde mir bewusst,

dass du mir nicht mehr so wichtig bist.

- 2017

GLÜCKSSERUM VOL. 1

Ich ertappe mich dabei weg zu sein.

Alles erstarrt im Morgenschein.

Es sind diese Momente,

in denen du dich frei und dennoch gefangen fühlst.

Alleine kreisend in deinen Gedanken.

Glück ist ein kompliziertes Konzept,

es beginnt mit Zufriedenheit.

Mit Momenten, in denen alles plötzlich Sinn ergibt.

Alles was du suchst, findest du tief in dir,

es war schon immer da.

Wenn Herzen sich öffnen,

wird sich alle ergeben.

- November 2017

FÜR JJ

Das Leben hängt von einem Schlag ab,

der in deiner Brust schlägt.

Es ist das, was dich am Leben hält

und wir vergessen leicht,

wie viel davon abhängt.

Man erkennt erst,

wie zerbrechlich das Leben doch ist,

wenn einem das Leben eines Menschen

in die bloßen Hände gelegt wird.

In dem Moment,

als ich dich zum ersten Mal sah,

wusste ich, dass du jemand Besonderes werden würdest.

Ich fühlte, wie dein Herz mit meinem vibrierte.

Meine Arme schlangen sich um dich,

beschützten dich,

halten dich hoch - für immer.

Ich hätte nie gedacht, dass ich einen so kostbaren Moment jemals erleben würde,

du darfst nie vergessen,

den Tag, an dem wir uns das erste Mal trafen,

werde ich nie vergessen!

- Juni 2018

GEMEINSAM

All diese Male,

als ich reden wollte,

aber nie etwas sagte

und all diese Tränen,

die ich weinte,

weil ich Angst hatte.

Du musst mich hier rausholen.

Mit dir kann ich mich nicht fürchten

und solange wir kämpfen,

wird es mir gut gehen.

Du hältst mich fest

und zusammen kämpfen wir.

Aber dann fragte ich;

was ist, wenn wir nicht genug geben,

genug, um alles durchzustehen und nicht alleine zu enden?

Dann hast du mir gesagt: Es braucht Zeit

und dann geht es dir wieder gut.

Wir mögen beide alleine sein,

aber wir sind nicht einsam.

-2018

MORGENROT

Das Morgenrot legt sich übers Land.

Die Welt hat sich verändert,

zum Guten und Schlechten geändert.

Menschen sind frei und dennoch gefangen.

Ständige Zweifel und Gedanken

fühlen uns wie Probanden.

In vivo unterscheidet sich von

in vitro in mehr als nur wenigen Buchstaben.

Vulnerabilität macht uns zu dem

was uns alle anstrebt.

- 2018/2020

EINZIG UND ARTIG

Gerade jetzt wird mir klar,

was schon immer so war.

So banal es auch klingen mag,

es ist so jeden einzelnen Tag.

Verleugnen kannst du's nicht

es steht hier geschrieben,

in diesem Gedicht.

Alles, worauf sich die Basis unserer Existenz

als Mensch stützt, hängt davon ab,

wie viel wir von anderen abhängig machen.

Gerade das ist es,

was es so krass mach,

wer hätte das gedacht?

Wir geben andern viel zu viel macht.

Wir sind beide hier,

trotzdem aber kein wir.

Das, was du da machst,

war das, was ich da getan hab.

Ich hab's bereits vollbracht,

von dir verlangt es noch etwas Kraft.

Das ist schon eine Weile her,

doch manchmal, das fühl ich mich noch immer schwer.

Wenn's nicht so wär,

würde ich mich nur selber belügen – betrügen.

Im Gedankenfluss,

da habe ich ganz vergessen,

was ich dir noch sagen muss,

doch sei dir bewusst,

dass es noch jemanden gibt,

der so ist,

wie du bist.

Das macht dich nicht unbedingt einzig,

aber einzig und artig,

weil du bist,

wie du bist.

- November 2018/Dezember 2020

DAS ATOM

Das Neutron inmitten der Elektronen.

Wie Könige ohne ihre Kronen.

Irgendwie soll sich das Ganze hier doch lohnen.

Was wäre ich nur ohne die Ikonen,

wahrscheinlich ganz schön verloren und verlogen.

Positiv wie das Proton wenn's um andere geht.

Negativ wie das Elektron wenn's drum geht,

wies um mich steht.

Neutral wie das Neutron wenn's

um die Meinung anderer geht.

Es ist nicht wichtig, ob immer positiv oder negativ.

Es zählt, wer du bist, alles andere ist relativ.

- November 2018

GLÜCKSSERUM VOL. 2

Glück ist überall in der Welt zu finden.

Sogar in den dunkelsten Stunden des Tages.

Glück, es ist um uns jeden einzelnen Tag,

auch wenn wir es manchmal nicht sehen oder fühlen.

Es liegt stets in deiner Hand.

Du entscheidest über Vergeudung oder Verstand.

- November 2018

A L S ...

Als mich niemand sah,

konnte ich nicht verhindern,

dass die Tränen flossen.

Als mich niemand hörte,

war ich diejenige, die um Hilfe rief.

Als es niemanden interessierte,

hatte ich die Hoffnung,

dass ich eines Tages jemanden finden könnte,

mit dem ich es ertragen könnte.

Es sind die dunklen Nächte,

in denen wir die Sterne am meisten sehen.

Erst dann wirst du erkennen,

dass nichts, was einsamer ist,

schöner sein kann.

Wenn du erkennst,

dass alles nur in deinen Gedanken steckt,

wirst du dankbar sein,

weil die Überwindung jeder dunkeln Nacht

dich zu der Person macht,

die du bist.

Vergiss niemals,

dass du jetzt glücklich bist

und wenn du wieder unten bist - Tamo junto![1]

- Januar 2019

---

[1] Portugiesischer Slang, der bedeutet "wir sind zusammen in dieser Sache".

WEIT WEG – ÜBER DEN WOLKEN

Über den Wolken, weit weg vom Gewollten.

Alleine inmitten von Leuten, die einst schienen,

was zu bedeuten, nun sind es die, welche es bereuten,

dich zu verlassen und dich für dein Glück hassen.

Hätten sie gewusst, was sie verpassen,

hätten sie dich nie verlassen, doch immer dann,

wenn du glaubst, du könntest nicht mehr tiefer sinken,

lassen sie dich fallen, wenigstens tun sie dir damit einen großen Gefallen.

Dennoch sinkst du weiter ins dunkle Innere deiner Gedanken,

denen ist es zu verdanken, dass wir alle einmal so tief sanken.

Lass uns aber auch dann nicht vergessen, es gibt Leute,

die würden sich jeder Zeit für dich einsetzen,

konzentriere dich auf die Guten, jene, welche stets neben dir ruhten.

- September 2019

DER SINN 2 - 4:35 PM

Wenn alle wegschauen, wer schaut dann noch hin?

Wo ist da der Sinn und wo führt uns das alles hin?

Ein Traum bleibt nur ein Traum,

bis du anfängst, daran zu bauen.

Das Einzige, was ich jetzt garantiert nicht brauch,

dass du mir noch den letzten Verstand raubst.

Ich sehe das alles hier anders,

ich stand schließlich auch mal woanders.

Ja, da wo du stehst, da dacht ich auch mal; so geht's nicht.

Ich habe gemerkt, es ist nicht alles Gotteswerk,

es ist das, was du daraus machst.

Mach die Augen auf, geh raus,

sieh dir die Welt doch mal durch meine Augen an.

Alles, was für mich zählt, ist dies die Zeit.

Esta es mi Vida und wir sehen uns garantiert wieder.

- 2019

DUNKELHEIT – DUNKELZEIT

Ich sehe nur Dunkelheit - ewige Leere.

Mein Kopf pocht - Gedanken kreisen.

Ich wünschte, ich könnte es erklären.

Keiner von uns kann etwas tun - ich brauche nur dich.

- November 2020

NEUER TAG

Die Sonne ist schon lange aufgegangen,

ein neuer Tag hat angefangen

und doch bin ich immer noch

in den gleichen Gedanken von gestern gefangen.

In diesem Moment frage ich mich,

wie ich immer noch auf den Beinen stehe

und dorthin gehe, wohin ich sehe.

Versprich mir, dass wir niemals anfangen werden

aufzuhören, denn gemeinsam sind wir nicht mehr alleine

einsam.

- November 2020

RIESENRAD – BUDAPEST 2018

Eisig kalt weht der Wind über den Platz.

Wolken türmen sich - grau wird zu Schwarz.

Passanten, die passieren.

Ihr Gelächter auf den Straßen - verstummt.

Es legt sich eine bedrückende Schwere in die Luft.

Ein Moment vergeht, im Nächsten verstehst, dass alles,

was einst da war, auch einmal vergeht. Vanitas.

- November 2020

FARBENLOSE REGENBOGENWELT

Dunkel leuchten die Lichter der Stadt in meiner unifarbenen Regenbogenwelt. Grau in Grau, der Tau eines neuen Tages. Wieder einmal ist alles schwarz oder weiß, gut oder schlecht - nichts ist mir recht. Draußen, da rauscht der Wind an mir vorbei - eisig kalt, doch innerlich wird mir warm. Farben lange nicht mehr da gewesen, zeigen mir den weg. Ich fahre weit weg. Ich bin in einer anderen Welt frei von Grau, farbig und fröhlich. Ich sehe Dinge so seltsam und doch vertraut. Lange Zeit wagte ich es nicht, die Welt zu bestaunen, sondern beobachtete sie nur aus der Ferne. Jetzt erkunde ich eine neue Welt, eine Welt, die ich so sehr vermisst habe - ich bin neu - ich bin frei.

- November 2020[2]

---

[2] Aus dem Englischen übersetzt: «colorless rainbow world» war ein Gedicht für eine Non-Profit Organisation von England - https://www.worriestowheelies.co.uk
Supporting Mental Health through COVID-19

ENDEN

Was ist nur geschehen,

weshalb musstest du gehen?

Lässt mich hier allein im Regen stehen.

Doch ich weiß, wir werden uns wiedersehen.

Über Herzschmerz,

da mach ich keinen Scherz,

da schreib lieber einen kleinen Vers.

- Dezember 2020

BROKEN POET

Als ich sieben Jahre alt war, sagte meine Mutter zu mir: "Sei zu Hause, bevor es dunkel wird." Als ich draußen war, um mit meinen Freunden zu spielen, haben ich gelernt, dass wir die besten von allen sind. Wir haben uns gegenseitig an die Grenzen getrieben. Wer war der Mutigste?

Mit elf hatte ich schon so einige Dinge ausprobiert und trotzdem nie von dem geträumt, was ich jetzt habe. Ich hatte immer diesen Traum - diese perfekte Familie. Ich fing an, größer zu träumen und merkte erst, dass selbst die Romanisten Geschichten irgendwann zu Ende gingen.

Etwas an dieser Liebe von zu Hause hat sich mit 14 Jahren geändert. Erst jetzt merke ich, was ich vermisst habe, seit ich in die Realität hineingezogen wurde. Bevor ich zwanzig Jahre alt war, sollte meine Geschichte erzählt werden, nicht so, wie andere sie darstellen als etwas, was es nicht ist.

Ich bin 21, kann alles tun, kann alles haben, was ich will. Erzähle meine Geschichten, Dinge, die erzählt werden müssen, und stelle die Fragen, die gestellt werden müssen. Ich heile immer noch - fühle immer noch. Ich nehme jeden Tag, wie er ist. Bitte – bleib so!

-2019 - 2020

REFLEXION

Du bist du - das stimmt.

Ich kenne dich - ich war du,

weil ich es bin.

Was auch immer es ist,

es wird vergehen.

Nicht widerstehen - existieren.

Sei wer du willst, nicht, was du brauchst.

Lebe nicht mit Gier, sei stolz.

Du hast überwunden,

also bist du geworden.

Du bist du - das stimmt.

Ich kenne dich - ich war du,

weil ich bin.

- Dezember 2020

2 0 2 0   E D I T I O N

Prokrastination - die Fähigkeit

einer neuen Generation von Klonen.

Ich kann es nicht noch mehr betonen,

denn ich fühle mich zutiefst betrogen.

Unsere Gesellschaft ist verlogen,

niemand wird sich um dich sorgen.

Komm, mach das doch ruhig erst morgen,

denn dann kannst du dich jetzt

mit lustigen Memes von morgen versorgen.

Mach dir keine Sorgen,

wir werden es schon erledigen,

aber halt erst morgen.

-Dezember 2020

GLÜCKSSERUM VOL. 3

Manchmal, da such ich noch nach dem Glück,

doch für mich bedeutest du ein Stück Glück.

Ich versuche es zu sparen,

es für später aufzubewahren.

Könnte platzen vor Freude,

doch mir ist auch bewusst, es gibt Reue.

Ich min mir nichts reu,

denn ich bleib mir stets selber treu.

Auch wenn es manchmal dunkel wird,

dann sehe ich, doch auch wies wieder funkeln wird.

Es liegt in deiner Hand,

lass uns gemeinsam gehen – ein ewiges Band.

-Dezember 2020

DER SINN 3 - MEIN WERK

Ich habe mich immer gefragt,

die Konzepte der Natur hinterfragt

und es nie gewagt zu glauben,

was ich gehört habe.

Jeden Tag frage ich mich…

Warum bin ich hier

und nicht dort oder bei dir?

Warum muss ich das tun,

ich kann mich nicht einmal ausruhen

und einfach nichts tun?

Bisher hat mir das noch niemand beantwortet.

Ich habe auch nicht gefragt.

Stattdessen verzweifelte ich,

gehorchte und tu stets, wie gesagt.

Wer hätte es gedacht,

ich habe es schon so weit gebracht

und dieses Werk ist noch nicht einmal vollbracht.

- Dezember 2020

667 TAGE - MONDLICHT

Wie dieser erste Sonnenstrahl nach einem Sturm hast du mein Leben erleuchtet.

Wie der Donner nach dem Blitz warst du in meiner Stille laut.

Und wie die Ruhe vor dem Sturm überraschen Sie mich jeden Tag.

Du führst mich - wie der Mond uns eines Nachts nach Hause geführt hat.

Wie der Wind durch die Bäume raschelt, klingt deine Stimme für meine Ohren wie ein Lied.

Wie ein heißer Tee an einem kalten Novembertag gibst du mir Wärme in deinen gesprochenen Worten.

Und wie dieser erste Schnee im November hast du Frieden und Unschuld auf mich gelegt.

- November / Dezember 2020

DER SINN 4 – FORTUNA ET VANITAS

Dies und das alles eine riesen Farce.

Hin und her,

keiner setzt sich mehr zur Wehr.

Du und ich ein ewiges Gedicht.

Schönheit gegen Traurigkeit,

Vertrauen oder Seele verkaufen?

Wieder einmal die Sorgen ersaufen,

einfach mal weg - alles verkaufen?

Ich steh zwischen Glück und dem Weg zurück.

Ich will da eigentlich nicht mehr hin,

dennoch seh ich auch hier keinen Sinn.

- Dezember 2020

2016 BIS 2020

Manchmal frage ich mich,

was mit ihr passiert ist,

dem lustigen,

witzigen und naiven Mädchen?

Manchmal vermisse ich sie,

das stimmt - aber wie wäre es jetzt,

wenn das alles wäre,

was sie jemals wusste?

Ich habe gelernt, dass Loslassen

nicht bedeutet, zu verlieren.

Loslassen geht weiter,

es heißt vorwärtszugehen;

als Individuum wachsen,

seinen Platz zu finden

ist nicht einfach,

es ist eine Herausforderung

und das gefällt mir daran.

Wenn ich nur ein paar Jahre zurückdenke,

würde ich nicht glauben,

wenn jemand die Person beschreiben würde,

die ich heute bin - ich würde nicht denken,

dass alles, was ich erreichen wollte,

näher ist, als es je zuvor war.

Also ja, ich vermisse dieses lustige,

witzige und naive Mädchen - aber sie ist jetzt zu einer lustigen,

anspruchsvollen und nicht so naiven Frau herangewachsen

und ich kann sagen, dass ihr Fehler mich zu dem gemacht hat,

was ich heute bin!

- 2020

ÜBER DEN AUTOR

Livia R. Menge, geboren 1999, ist eine Studentin aus der Nähe von Basel in der Schweiz. Seit 2016 schreibt Sie Gedichte und zeigt hier in Ihrem ersten Werk, Gedichte aus den letzten Jahren.